Een reis in de tijd

Ibis
tekeningen van Helen van Vliet

Zwijsen

Koen Knap gaat op reis

Dit is Koen Knap.
Hij heeft een klok.
Met die klok kan hij op reis.
Op reis in de tijd!
Koen kruipt in zijn klok.
Hij zegt: 'Ik ga naar een tijd ...
Zo oud, zo oud ...
Er is geen kraan, maar een put.
Er is geen lamp, maar vuur.
Wat zal ik daar zien?
Wie weet, wel een draak!'

Koen telt tot drie:
Een ...
Twee ...
Drie!
Zoem ... zoem ... zoem ...
Koen tolt in het rond.
Hij ziet een fel licht.
BOEM!
Koen Knap kruipt uit de klok.
En hij ziet ...

Een pen van een gans

Koen Knap ziet een man.
Die rent wat hij kan.
'Kom hier, kom hier!' roept hij.
'Wie, ik?' vraagt Koen Knap.
'Nee, jij niet,' puft de man.
Hij staat stil en hijgt.
De man wijst naar een gans.
'Ik wil die gans!'
De gans rent hard weg.
'Gak, gak, gak!' gilt het dier.

'Wat moet je met die gans?' vraagt Koen.
'Ik wil een pen,' zegt de man.
Koen Knap lacht.
'Een pen van een gans?
Hoe werkt dat?'
De man kijkt Koen raar aan.
'Weet je dat niet?
Help maar mee.
Dan zul je wel zien.'

Och och, die gans!

Koen Knap rent.
De man rent.
'Ik heb je!' gilt de man.
Hij pakt de gans.
Hij trekt ...
Hij steekt een veer in de lucht.
'Hier is mijn pen!'

Inkt uit een pot

'Is dat een pen?' lacht Koen.
'Nou en of,' zegt de man.
'Kom maar mee.'

Ze gaan een trap op.
'Hier werk ik,' zegt de man.
Koen Knap ziet een boek.
En een pot, en een mes.
De man pakt het mes.
'Kijk,' zegt hij.
'Ik maak een punt aan de veer.
In de pot zit inkt.
Ik doop de veer in de inkt ...
Nu trek ik een lijn!'
De man trekt een lijn in het boek.
Eerst is de lijn dik.
Dan wordt hij dun.
De man wijst.
'De inkt is op.
De punt moet weer in de pot!'
Zo trekt hij lijn na lijn.
Koen Knap kijkt toe.

Help, een boef!

Wat is dat?
Er klinkt een bons.
Een bons op de poort.
Een stem brult: 'Laat me er in!
Ik wil goud!'

'Dat is Jan Ros,' beeft de man.
'Jan Ros is een boef.
Ik maak vlug een brief.
Die gaat naar de prins!'

Koen Knap wordt wit.
'Een boef?' beeft hij.
'Ik ben weg!'
Hij rent naar zijn klok.
Een ...
Twee ...
Drie!
Weg is Koen Knap.
Op reis in de tijd!

Wat rijmt er op roos?

Zoem ... zoem ... zoem ...
Koen tolt in het rond.
Hij ziet een fel licht.
BOEM!
De klok staat stil.
Waar is hij nu?
Koen kruipt er uit.
Bij de klok zit een man.
Hij kijkt Koen aan.
'Dag,' zegt hij.
'Ik ben Hein.
Ik maak een vers.
Dat geef ik aan An.
An is mijn lief.
Wat rijmt er op roos?'
'Boos,' zegt Koen Knap.
'Doos, koos, poos, kroos ...'
'Ho maar,' zegt Hein.
'Ik weet het al.'
Zijn pen krast op het vel.
Een zin, nog een zin ...
Dan zet Hein een punt.

'Zo,' zegt hij.
'Mijn vers is af.'
'Lees het eens voor,' zegt Koen.

Hein gaat staan.
Hij leest: 'An is mijn snoes.
Ze is zo lief als een poes.
Ze glanst als de maan.
Ze klinkt als een haan.
Ze ruikt als een roos.
Ze maakt me niet boos!'

'Klinkt ze als een haan?' lacht Koen.
'Dat is raar.
Een haan klinkt schor!'
Hein zucht.
'Dat is waar.
Het is wel raar.
An klinkt niet schor.
Maar *haan* rijmt zo leuk.'

O, een vlek!

'Weet je,' zegt Koen.
'Je naam moet nog bij het vers.'
'Dat is waar,' roept Hein uit.
Hij zet zijn pen op het vel.
Maar ... er komt geen lijn.
'De inkt is op,' zegt Hein.
Koen denkt aan de veer.
Hij zegt: 'Doe niet zo suf.
Doop dan je pen in de pot.'
Hein lacht.
'Wie is hier suf?
Dit is geen doop-pen.
Dit is een vul-pen!'
Koen Knap kijkt op zijn neus.
'Hoe werkt dat dan?'

Hein laat het zien.
'Ik maak mijn pen los.
Er zit een buisje in.
Een buisje met inkt.
De inkt gaat door de punt.
Zo trek ik een lijn.'

15

Hein haalt het buisje van de pen.
'Dit buisje is leeg.
Maar in mijn zak ...'
Hein haalt een buisje uit zijn zak.
'Dit is vol.'
Het gaat op de pen.
De pen gaat dicht.
'Zo,' zegt Hein.
'Hier komt mijn naam!'

Hein zet zijn pen op het vel.
De H krijgt een krul.
Maar dan ...
'O!' roept Hein.
'Een vlek!
'Ach, wat een pech.'

'Nee hoor,' lacht Koen.
'Geef je pen maar eens hier.'
Koen Knap pakt de pen.
Wat doet hij daar?
De pen gaat heen en weer ...
'Klaar!' zegt Koen.

Hein kijkt naar het vel.
Hij schiet in de lach.
'Een hart!' roept hij uit.
'Die is goed!
Een vers met een hart.
An is vast blij!'

Bang voor de baas!

'Ik ga naar An,' roept Hein.
'Ik geef haar mijn vers.'
'Doe dat,' zegt Koen.
'Ik ga weer op reis.
Op reis in de tijd.
Dag!'

Koen Knap kruipt in zijn klok.
Hij denkt na.
'Ik ga naar een tijd …
Pap was nog klein.
Mam was nog een kind!
Wat zal ik daar zien?'
Koen telt tot drie:
Een …
Twee …
Drie!
Zoem … zoem … zoem …
Koen tolt in het rond.
Hij ziet een fel licht.
BOEM!
Koen kruipt uit de klok.

Koen hoort een zucht.
En nog een zucht.
Daar zit een man.
Hij kijkt naar een vel.
Wat is hij sip!
Koen loopt naar hem toe.
'Dag,' zegt hij.
'Ik ben Koen Knap.
Wie ben jij?
En wat is er mis?'
De man kijkt op.
'Ik ben Klaas,' zegt hij.
'Ik maak een brief.
Een brief voor mijn baas.
Maar mijn vulpen is lek.
Kijk ... wel een vlek of tien!
De brief is zo vies.
Ik ben bang voor mijn baas.
'Die wordt vast heel boos!'

Een pen met een bal

'Ik help je, Klaas,' zegt Koen.
'Hier, neem mijn pen.
Die maakt geen vlek.'
Koen geeft zijn pen aan Klaas.
Klaas kijkt raar.
Hij zegt: 'Die pen heeft geen punt!'

Koen Knap lacht.
'Toch wel, hoor!
De punt kan in en uit de pen.
Ik druk op een knop.
Kijk!
Daar is de punt.
Een veer drukt hem er uit.'

Klaas roept: 'O!
Dat is gek!
Wat is dat voor pen?
Die ken ik niet!'
'Het is een balpen,' zegt Koen.
'Ik reis met mijn klok.
En ik nam hem mee.'

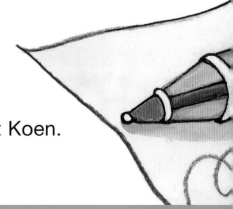

'Hoe werkt hij?' vraagt Klaas.
'Ik leg het uit,' zegt Koen.
'Kijk, de punt is rond.
Er zit een bal in.
Die bal is heel klein.
Je kunt hem niet zien.
Let op.
Ik zet mijn pen op het vel.
Ik trek een lijn ...
De bal rolt en rolt.
De inkt zit in de pen.
Hij gaat langs de bal.
Is die lijn niet fijn?'

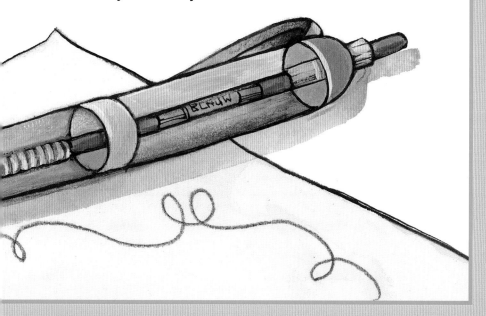

Klaas voelt aan de lijn.
'De inkt is al droog!' roept hij.
Koen Knap knikt.
'De inkt droogt heel vlug,' zegt hij.
'Zo maak je geen vlek.
Hoe vind je mijn balpen?'
'Te gek!' roept Klaas uit.
'Nu maak ik de brief.
De brief voor mijn baas!
Er komt geen vlek op het vel.
De baas is vast blij!'

'Weet je wat?' lacht Koen Knap.
'Hou mijn pen maar.
Hij is voor jou.
Heb maar veel pret.'

Klaas zegt niets, maar hij glimt.
Hij klikt de punt in ...
En uit ...
En weer in ...
'Wat een pen!' zucht hij blij.

Koen Knap gaat naar huis

Koen Knap lacht stil.
Hij loopt naar zijn klok.
Mijn reis was leuk, denkt hij.
Ik zag zo veel.
Een veer-pen ...
Een vulpen ...
En mijn balpen maakt Klaas blij.
Nu is mijn hoofd vol.
Ik ga naar huis!

Koen kruipt in de klok.
Hij telt tot drie:
Een ...
Twee ...
Drie!
Zoem ... zoem ... zoem ...
Dag, Koen Knap!

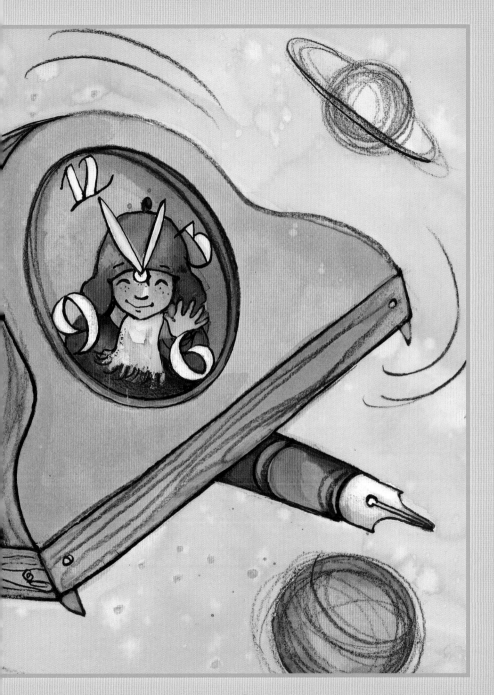

Serie 9 • bij kern 9 van Veilig leren lezen

Mie, Woef en Veer

Brigitte Minne en Rosemarie de Vos

Pim speurt

Martine Letterie en Rick de Haas

Het huis is te vol

Maria van Eeden en Alice Hoogstad

IK BEN NIET BOOS!

Rindert Kromhout en Jan Jutte

Een bos voor Wolf

Ben Kuipers en Ingrid Godon

Een beetje eng

Frank Smulders en Hugo van Look

Hiep hiep voor Mol!

Lieneke Dijkzeul en Juliette de Wit

Een reis in de tijd

Ibis en Helen van Vliet